害怕失敗的博士豆

勇於面對挫折

新雅文化事業有限公司
www.sunya.com.hk

小跳豆做最好的自己故事系列

培養積極樂觀的正向性格，讓孩子快樂地成長！

擁有正向性格的孩子，會願意主動探索新事物和迎接挑戰。因此，培養幼兒樂觀積極的正向態度非常重要。

《小跳豆做最好的自己故事系列》共10冊，分別由10位性格不同的豆豆好友團團員擔當主角。孩子透過他們的經歷，可以進一步認識自己、了解他人，嘗試明白並接納不同人的性格特點，學習以正向的態度發揮所長、擁抱自己的不完美，以及面對各種困難，積極樂觀地成長。

豆豆好友團介紹

跳跳豆

糖糖豆

哈哈豆

小紅豆

皮皮豆

胖胖豆

力力豆

博士豆

火火豆

脆脆豆

齊來認識本冊的主角吧！

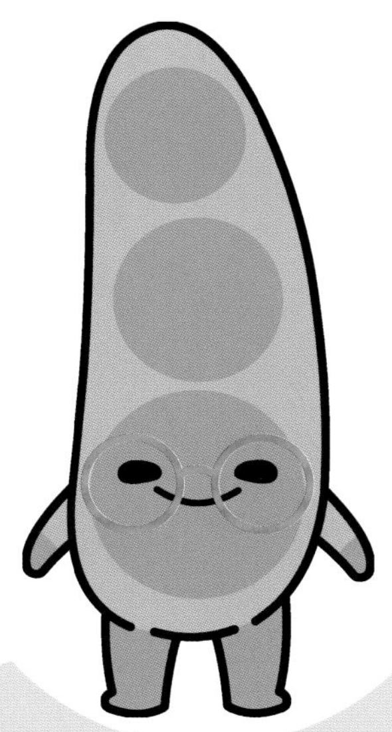

博士豆

- 十分好學
- 博學多才
- 對自己要求高

新雅・點讀樂園 升級功能

本系列屬「新雅點讀樂園」產品之一，若配備新雅點讀筆，爸媽和孩子可以使用全書的點讀和錄音功能，聆聽粵語朗讀故事、粵語講故事和普通話朗讀故事，更可錄下爸媽和孩子的聲音來說故事，增添親子閱讀的趣味！

家長如欲另購新雅點讀筆，或想了解更多新雅的點讀產品，請瀏覽新雅網頁(www.sunya.com.hk)。

1. 下載本故事系列的點讀筆檔案

1. 瀏覽新雅網頁(www.sunya.com.hk) 或掃描右邊的QR code 進入 新雅・點讀樂園 。
2. 點選 下載點讀筆檔案 ▶ 。
3. 依照下載區的步驟說明，點選及下載《小跳豆做最好的自己故事系列》的點讀筆檔案至電腦，並複製至新雅點讀筆的「BOOKS」資料夾內。

2. 啟動點讀功能

開啟點讀筆後，請點選封面右上角的 新雅・點讀樂園 圖示，然後便可翻開書本，點選書本上的故事文字或圖畫，點讀筆便會播放相應的內容。

3. 選擇語言

如想切換播放語言，請點選內頁右上角的 粵/書 粵/口 普 圖示，當再次點選內頁時，點讀筆便會使用所選的語言播放點選的內容。

4. 播放整個故事

如想播放整個故事，請直接點選以下圖示：

5. 製作獨一無二的點讀故事書

爸媽和孩子可以各自點選以下圖示，錄下自己的聲音來說故事！

1 先點選圖示上爸媽錄音或孩子錄音的位置，再點 OK，便可錄音。

2 完成錄音後，請再次點選 OK，停止錄音。

3 最後點選 ▶ 的位置，便可播放錄音了！

4 如想再次錄音，請重複以上步驟。注意每次只保留最後一次的錄音。

孩子請使用
這個圖示錄音

豆豆之中，最博學多才的
就是博士豆了。
他愛看書，愛觀察，
懂得的事情特別多。

「博士豆，我的鬧鐘停了，
怎麼辦？」胖胖豆說。
「只要換上新的電池就好了。
換電池的時候，
要注意正負極的方向啊。」
博士豆耐心地解釋。

脆脆豆煩惱地問博士豆：
「妹妹整天追問我，
白天的時候，
星星到哪裏去了？
我該怎麼回答呀？」

「星星一直都在天上，
只是白天的時候，
太陽把天空照得亮亮的，
我們就看不見星星了。」
博士豆説。

「博士豆真了不起。」豆豆們說。
人人都說博士豆棒，
他也覺得自己很棒。

03 00

這天，博士豆代表學校參加
「校際小天才問答比賽」。
比賽一開始，對手小紅菜頭
搶答又快又準，一連答對三題。
博士豆雖然知道答案，
但就是不夠小紅菜頭快！

博士豆必勝！

「不行，再這樣下去，我一定輸。
我是最棒的，不能輸的呀！」
博士豆想。
於是，主持人只問到一半，
博士豆就急着搶答。
結果，博士豆答非所問，
一連答錯好幾道題。

博士豆必勝！

博士豆越是焦急，越是出錯。
本來不斷為博士豆打氣的豆豆們，
也越來越洩氣了。

結果，比賽冠軍是小紅菜頭，
博士豆三甲不入。
博士豆看見豆豆們失望的表情，
覺得又沮喪又羞愧。

賽後，博士豆獨自躲到
樹林裏去了。
他很擔心，自己的表現如此差勁，
不知道豆豆們會怎樣想啊！

「博士豆，博士豆……」

遠處傳來一陣呼叫聲。

原來，茄子老師和豆豆們找不着

博士豆，擔心得很，

最後找到樹林來了。

茄子老師說：「這次失敗，
是因為你急於求勝，自亂陣腳，
而且小紅菜頭是連續三屆冠軍，
實力很強。
我們應該從挫敗中學習，
除了要繼續增強自己的實力外，
比賽時也要保持冷靜。」
博士豆想着茄子老師的說話……

「對！輸贏沒什麼大不了的，
你仍然是我們最棒的博士豆。」
豆豆們說。
「謝謝你們。」博士豆決定，
以後要繼續努力，
做一個真正棒的博士豆。

小跳豆做最好的自己故事系列

害怕失敗的博士豆

作者：袁妙霞
繪圖： Rara Rin
策劃：黃花窗
責任編輯：黃偲雅
美術設計：劉麗萍
出版：新雅文化事業有限公司
香港英皇道499號北角工業大廈18樓
電話：（852）2138 7998
傳真：（852）2597 4003
網址：http://www.sunya.com.hk
電郵：marketing@sunya.com.hk
發行：香港聯合書刊物流有限公司
香港荃灣德士古道220-248號荃灣工業中心16樓
電話：（852）2150 2100
傳真：（852）2407 3062
電郵：info@suplogistics.com.hk
印刷：中華商務彩色印刷有限公司
香港新界大埔汀麗路36號
版次：二〇二三年六月初版
二〇二四年九月第二次印刷

版權所有・不准翻印
ISBN: 978-962-08-8159-6
© 2023 Sun Ya Publications (HK) Ltd.
18/F, North Point Industrial Building, 499 King's Road, Hong Kong
Published in Hong Kong SAR, China
Printed in China